WILDKATZEN MALBUCH FÜR ERWACHSENE

Copyright © 2021 Katrin Stark

Dieses Buch gehört:

FARBTESTSEITE

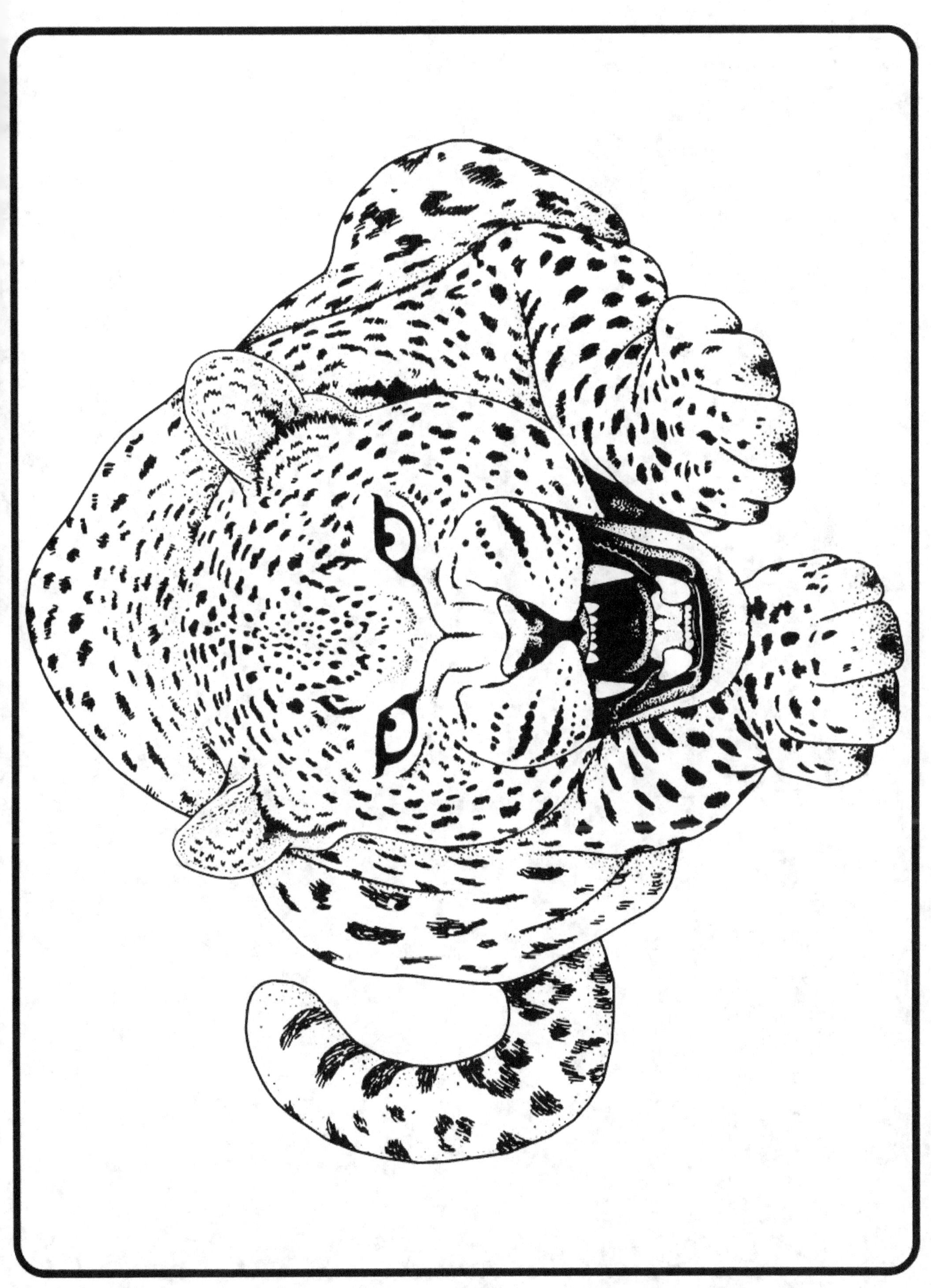

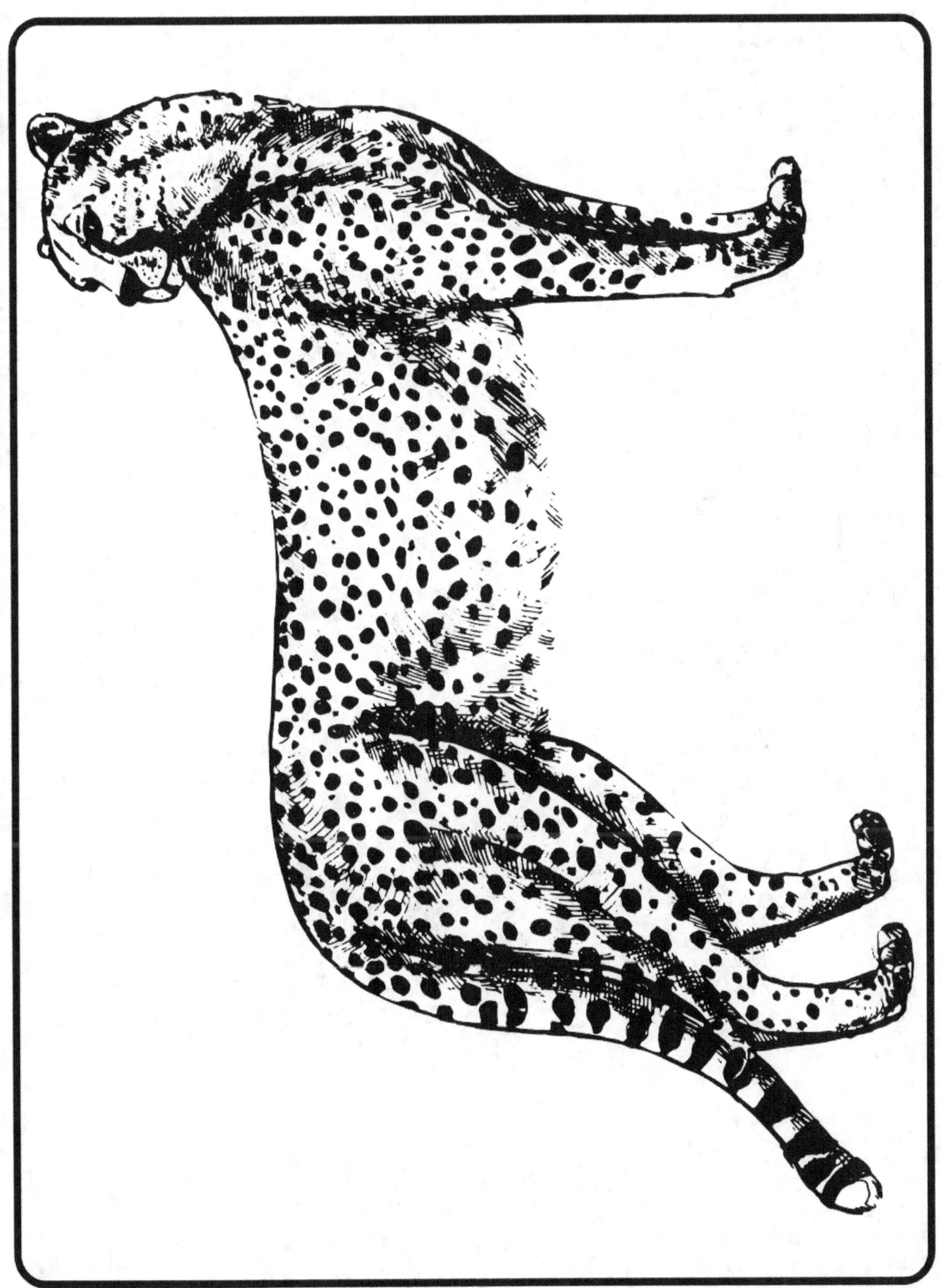

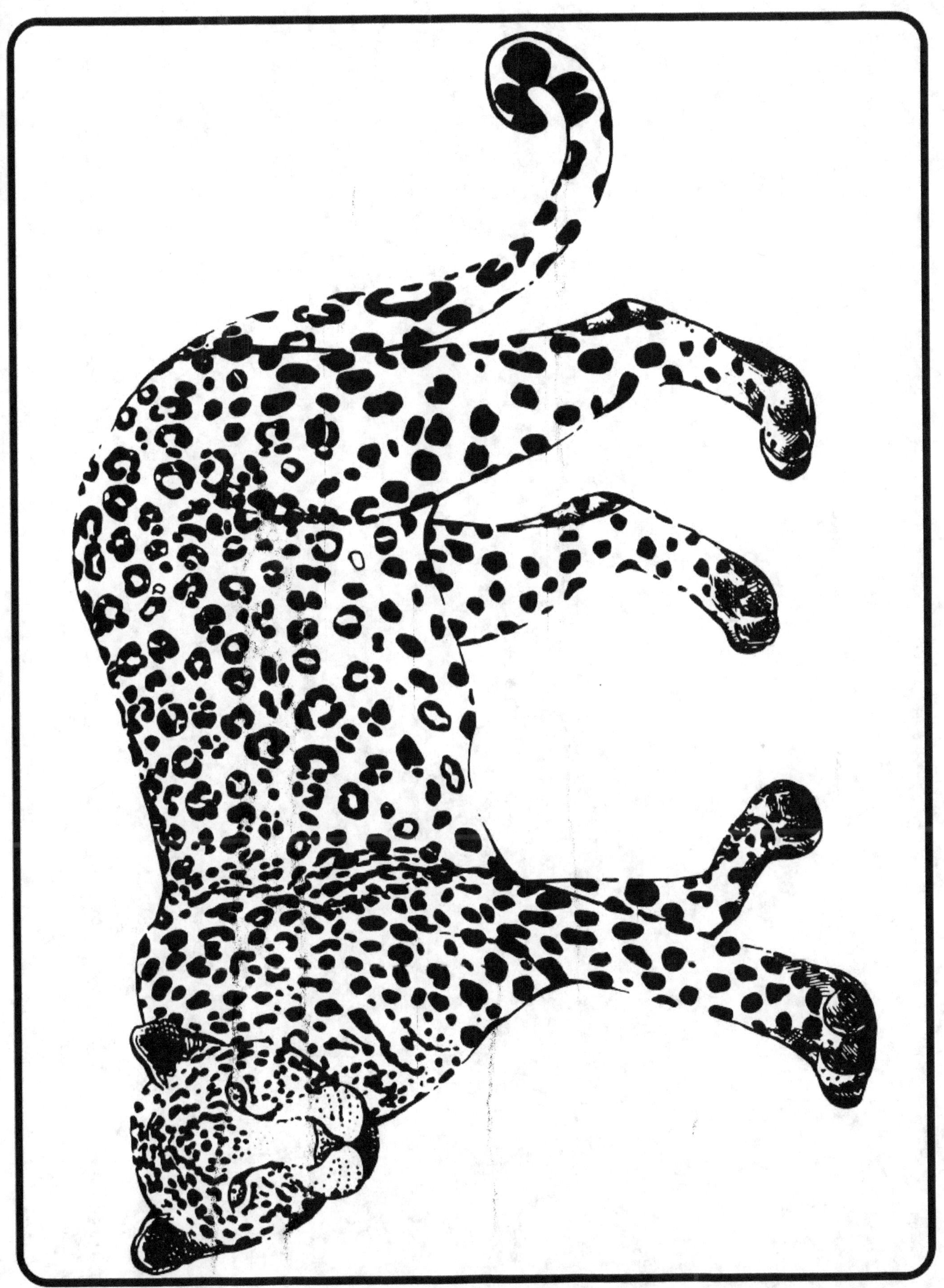

虎

Vielen Dank für den Kauf dieses Buches

Wenn Ihnen das Buch gefallen hat,
hinterlassen Sie bitte eine Meinung
Es wird dem Autor helfen,
in Zukunft bessere Bücher zu erstellen

www.amazon.de/Katrin-Stark